7
Lk 819.

LIVRET ou GUIDE

DES VOYAGEURS

DE BAYONNE EN ESPAGNE.

Chez M. Théodore DÉTROYAT,

HOTEL St ÉTIENNE,

A BAYONNE.

On trouve dans l'Hôtel tous les renseignements pour voyage en France et à l'Étranger.

BAYONNE,
IMPRIMERIE DE VEUVE LAMAIGNÈRE NÉE TEULIÈRES,
RUE PONT-MAYOU, 43.

Livret ou Guide

DES VOYAGEURS DE BAYONNE EN ESPAGNE.

AVIS.

Les routes de poste, en Espagne, sont servies pour aller à franc-étrier et en voiture. Le voyageur qui s'y rend, doit faire viser son passeport, à Bayonne, chez son consul, à la sous-préfecture et au consulat d'Espagne. Pour avoir des chevaux de poste, il le présentera au maître de poste.

La monnaie française perd 5 pour cent en la changeant pour de la monnaie espagnole.

Ordonnance des Postes.

ART. 1.

Tout voyageur qui veut courir la poste, doit être muni d'une licence. Cette licence est délivrée dans toutes les administrations des postes, où elle n'est remise qu'à des personnes de toute confiance et sur l'exhibition des passeports en règle. Cette licence se paie 40 r^x v^{on} (10 fr.) par personne qui se trouve dans les voitures.

Art. 2.

La sortie de Madrid se paie double poste. Il en est de même de tous les lieux où réside le souverain.

Art. 3.

Les voyageurs doivent faire comprendre sur leur passeport le nombre et le signalement des domestiques.

Art. 4.

Sans l'autorisation de M. le premier secrétaire d'Etat pour l'étranger, et des autorités compétentes pour l'intérieur du royaume, il ne sera pas délivré de licence pour courir la poste.

Art. 5.

Les droits de bac, d'entretien de routes, de ponts ou de barrière, sont à la charge des voyageurs.

Art. 6.

Le prix de la course à franc-étrier est fixé à 7 r^x v^{on} par cheval, et 4 r^x v^{on} pour le postillon, par lieue.

Depuis longtemps les voyageurs sont dans l'usage de payer les guides 6 r^x v^{on}. L'administration ne peut que louer cette augmentation ; et en indiquant le prix déterminé par le règlement, elle se propose seulement d'assurer aux voyageurs la faculté de restreindre les guides à leur fixation, lorsqu'ils auront à se plaindre des postillons.

La course se paie d'avance.

Art. 7.

Tout voyageur courant pour le service royal, ne paie les chevaux qu'à raison de 5 r^x v^{on} par lieue ; et pour éviter tout abus, il est décidé qu'on ne reconnaîtra comme voyageurs du service royal que les porteurs d'ordre spécial, la juste présentation du passeport, pour bien qu'elle exprime la qualité de porteur de dépêches, ne pouvant suffire.

Art. 8.

Les voyageurs porteurs de dépêches ou commissionnés par le service royal, sont exempts du paiement des bacs, entretien des routes, ponts ou barrières, de même que les courriers de cabinet espagnols.

Art. 9.

Les maîtres de poste ou postillons ne donneront pas de chevaux, sous peine d'être privés de leur emploi et de confiscation de leurs biens, à tout individu qui, arrivant dans leur relais avec d'autres chevaux que ceux de la poste voisine, ne serait pas porteur de licence ou ordre.

Ils devront même déclarer à l'administration, ou à défaut, à la police, les voyageurs qui n'en seraient pas munis, pour les faire arrêter.

Art. 10.

Les voyageurs courant avec les voitures d'un relais, devront les payer à raison de 7 r^x v^{on} par lieue, et à raison de 6 r^x v^{on} s'ils sont porteurs d'ordre de service royal.

Art. 11.

Chaque cheval ou mule qui s'attèlera à une voiture se paiera à raison de 6 r^x v^{on} par lieue pour les voyageurs particuliers et de 5 r^x v^{on} pour les porteurs d'ordre de service royal. La guide du postillon est fixée à raison de 6 r^x v^{on} par relais sans distinction de distance ; mais l'usage étant établi à 8 r^x v^{on} par poste, nous renvoyons les voyageurs à l'observation ci-dessus, art. 6.

Art. 12.

Si la voiture appartient au voyageur, il ne doit point la rétribution portée à l'art. 10.

Art. 13.

Une calèche, voiture à 4 roues et à limonière, avec deux personnes dans l'intérieur, un domestique sur le siége et 100 livres de poids, paiera trois chevaux et un postillon par lieue.

ART. 14.

Un cabriolet à soufflet, chargé d'une ou deux personnes, paiera 2 chevaux et 1 postillon; mais s'il avait vache et malle devant ou derrière, excédant le poids de 100 livres, le troisième cheval serait dû.

ART. 15.

Un cabriolet à vasistas ou glaces, chargé d'une personne et de 30 livres de poids, paiera 2 chevaux et 1 postillon. Deux personnes et 50 livres de poids paieront 3 chevaux et 1 postillon.

ART. 16.

Les voitures à 4 roues, et à timon, chargées d'une seule personne, paieront 2 chevaux et 1 postillon.

ART. 17.

Une calèche à quatre roues, chargée d'une ou deux personnes et de 50 livres de poids, paiera 2 chevaux et 1 postillon. Si elle est chargée devant ou derrière d'un poids entre 50 et 100 livres, elle devra 3 chevaux sans que, sous quel prétexte que ce soit, on puisse exiger le paiement de quatre.

ART. 18.

Les voitures limonières ou coupés à 4 roues, chargées d'une personne et du poids de 50 livres, paieront 2 chevaux et 1 postillon; mais s'il y avait deux personnes ou que le poids excédât celui désigné, elles devront trois chevaux.

Art. 19.

Si les voitures désignées à l'article précédent étaient chargées de plus de deux personnes, elles paieraient un cheval de plus par personne excédant ce premier nombre.

Art. 20.

Les mêmes voitures attelées à timon, au lieu d'être à limonière, sont considérées comme berlines.

Art. 21.

Les berlines, voitures à 2 fonds, à timon, chargées de deux, trois ou quatre personnes, paieront 4 chevaux et 2 postillons. Mais si le poids des effets excédait 200 livres et s'il y avait quatre personnes, on devra 6 chevaux.

Art. 22.

Les grandes voitures, genre de berline, portant quatre à six personnes, devront être attelées de 6 chevaux.

Art. 23.

Si le nombre des voyageurs excède six, il sera payé un cheval de plus par personne.

Art. 24.

Un enfant au-dessous de 7 ans ne paie pas.

Art. 25.

Deux enfants de 7 au moins paient un cheval.

ART. 26.

Un enfant au-dessus de 7 ans paie un cheval.

ART. 27.

Les maîtres de poste sont obligés d'atteler le nombre de chevaux désignés suivant le genre des voitures, et les voyageurs ne sont pas obligés de payer ceux qui manqueraient.

ART. 28.

Il est défendu de mettre une limonière à une voiture chargée de quatre personnes. Elle doit être à timon.

ART. 29.

Il est des relais où les maîtres de poste préfèrent mettre 1 ou 2 chevaux de plus pour soulager les autres; mais les voyageurs ne doivent que ceux exigés par la présente ordonnance.

ART. 30.

La course d'une lieue doit se faire en trois quarts d'heure, et les postillons ne doivent pas échanger leurs chevaux quand ils se rencontrent, sans avoir obtenu le consentement respectif des voyageurs, ni exiger un prix de guide au delà de celui indiqué, qui pourra être retenu si la course n'a pas été faite dans le temps fixé.

Les voyageurs sont fortement invités à donner à la Direction générale ou aux administrateurs les plus voisins, connaissance de toutes les infractions qui auront lieu de la part des postillons, afin qu'ils soient punis selon leur délit.

Art. 31.

Lorsque tous les chevaux d'une poste, suffisamment garnie, sont en course, les voyageurs doivent attendre que les chevaux soient de retour et rafraîchis; mais si le manque de chevaux provient de ce que le relais n'est pas suffisamment monté, alors les postillons seront tenus de continuer avec leurs chevaux, après toutefois les avoir fait rafraîchir.

Art. 32.

Le service des courriers de cabinet, porteurs de dépêches du service royal et courriers de la malle, ont la préférence sur tous les autres voyageurs, qui ne seront servis que suivant l'ordre de leur arrivée au relais.

Art. 33.

Les maîtres de poste ne sont point obligés de donner des chevaux pour les routes de traverse, ni de relayer des voitures où seraient déjà attelés des chevaux autres que ceux de la poste.

Art. 34.

Les courriers et voyageurs ne peuvent forcer ni maltraiter les chevaux; et en cas qu'il résultât quelque dommage des coups qu'ils leur auraient donnés, ils seront obligés d'en faire payer la valeur au maître de poste qui aura soin d'en faire dresser procès-verbal à l'arrivée au relais.

Art. 35.

Il est défendu aux maîtres de poste et aux postillons d'exiger plus de chevaux que n'en porte la présente ordonnance, sous peine de punition par la Direction générale des postes, à laquelle les voyageurs sont invités à adresser leurs plaintes.

CALCUL PROPORTIONNEL OU TARIF.

DISTANCES.	NOMBRE DE CHEVAUX.				
LIEUES.	3.	4.	5.	6.	
1 1/2	27	36	45	54	Réaux veillon.
2 »	36	48	63	72	
2 1/2	45	60	78	90	
3 »	54	72	93	108	
3 1/2	63	84	108	126	

N° 1.

De Bayonne à Madrid par Sⁿ Sebastian, Vitoria, Burgos et Aranda.

De Bayonne à Bidart.. 11 kil.
St-Jean-de-Luz....... 9 »
Urrugne............. 5 »
Yrun (1) Espagne..... 16 »
―――
41 »

41 kil.

	LIEUES.	
Report........	»	41 kil.
Renteria................	2 1/2	
San Sebastian (2)............	2	
Anduain...............	2 1/2	
Tolosa...............	2	
Villafranca...............	3	
Villareal...............	3	
Bergara...............	2 1/2	
Mondragon	2	
Salinas (3)	2 1/2	
Arrogave	2	
Vitoria (4)	2	
La Puebla	3	
Miranda	3	
Ameyugo (5)...............	2 1/2	
Cubo	3	
Briviesca	3	
Castil de Plones	2	
Quintanapalla...............	3	
Burgos (6)	3	
Saracin...............	2	
Madrigalejos...............	3	
Lerma...............	2 1/2	
Bahabon...............	3 1/2	
Gumiel...............	2 1/2	
Aranda...............	2	
Unrubia...............	3 1/2	
Fresnillo...............	2 1/2	
Castillejo...............	2 1/2	
Somosierra (7)...............	3	
Buitrago...............	3	
Lozoyuela (8)..............	1 1/2	
Cabanillas...............	2 1/2	
San Agustin...............	3	
Alcobendas...............	3 1/2	
Madrid (9)	3	
	92	et 41 kil.

(1) Entre Urrugne et Yrun coule la Bidassoa qui sépare la France et l'Espagne, et sur laquelle les Français ont construit un pont qui a été nommé *Pont-d'Angoulême*. Avant de la traverser il faut faire viser son passeport à Béhobie, par le délégué de la sous-préfecture. L'*Ile des Faisans*, sur la Bidassoa, est célèbre par le mariage de Louis XIV avec l'infante Marie-Thérèse.

(2) San Sebastian. — Jolie ville, régulièrement bâtie, château-fort, bon abri pour les bâtiments. Avant d'y arriver on longe le port de *Passages*.

(3) Salinas. — Petit bourg de la province de Guipuzcoa, situé au bas d'une forte montagne. Pour la gravir, en voyageant en poste, on fait atteler des bœufs devant les chevaux, et on les paie 4 ou 5 r^x v^{on} la paire.

(4) Vitoria. — Capitale de la province d'Alava, ville jolie et commerçante. Elle a de belles places, une jolie promenade, salle de spectacle, de bons hôtels. Diligences pour Pampelune, Saragosse, voitures pour Bilbao et les environs.

(5) Ameyugo, petit bourg. — Entre Ameyugo et Cubo se trouve la gorge de Pancorbo, dont les immenses rochers s'élèvent perpendiculairement sur la route et ne laissent que le juste espace pour le passage des voitures. Terre aride.

(6) Burgos. — Capitale de la Vieille-Castille, jadis le séjour des rois d'Ibérie, appuyée sur le revers d'une montagne; ses murs sont baignés par la rivière d'Arlanzon. La cathédrale est d'une architecture imposante et digne d'admiration. On y voit le tombeau de l'ancienne famille des Laras. La statue en bronze de Charles III, et les deux monuments érigés à la mémoire des deux illustres Castillans Ferdinand Gonzales et le Cid, méritent d'être vus. Jolis environs. Fromages renommés. Grand commerce de laine.

— 14 —

(7) Somosierra. — Forte montagne, souvent couverte de neige. Pour la gravir, on prend des bœufs ou des chevaux de renfort.

(8) Lozoyuela, village.— De Lozoyuela à Cabanillas, des terres arides et sans aucune espèce de productions végétales ; des masses de pierres amoncelées, sont les seuls objets qui se présentent aux regards du voyageur.

(9) Madrid. — Capitale de la Nouvelle-Castille, sur le Manzanares; population, 150,000 habitants. Grande, belle, riche. Cette ville semble bâtie comme par enchantement au milieu d'un désert; de belles églises, le palais du Roi, le Prado, promenade publique, le Musée, le Cabinet d'Histoire naturelle, le Jardin des Plantes et de belles places publiques excitent l'admiration du voyageur. La Porte du Sol, lieu de réunion de tous les oisifs de Madrid, est un point où viennent aboutir de belles rues, parmi lesquelles on remarque celle d'Alcala, à l'extrémité de laquelle est la porte du même nom, bâtie par Charles III. On y voit encore l'empreinte des boulets français en 1808. Le Buen Retiro, lieu royal de plaisance, est un séjour délicieux; on obtient facilement la permission de le visiter. On y remarque une belle pièce d'eau, un kiosque pour la reine et l'admirable statue équestre de Philippe IV. Madrid a de belles fontaines, de superbes hôpitaux et beaucoup d'établissements de bienfaisance. Le théâtre de la Reine est magnifique. Le cirque de la course, à la porte d'Alcala, est curieux à voir. On trouve de bons hôtels et de bonnes maisons de *huespedes*, pensions bourgeoises. Services de diligences pour toute l'Espagne et le Portugal.

Tous les jours, diligences et malle-poste pour la France.

N° 2.

De Bayonne à Madrid par Pampelune, Soria Guadalajara.

	LIEUES.
De Bayonne à Espeleta.......	4
Venta de Maya.............	4 1/4
Almandoz.................	3
Olagüe...................	3 1/2
Pampelune (1).............	3 1/4
Venta de las Campanas......	2 1/2
Tafalla (2)................	3 1/2
Peralta (3)................	4 1/2
Rincon...................	2 1/2
Cintruénigo...............	3 1/2
Venta del Medio............	3
Venta de la Laguna.........	3 1/4
Aldea del Pozo.............	3 3/4
Venta de Maiolba...........	3
Llubia....................	3 1/2
Almazan..................	3 1/2
Villasayas................	3
Paredes..................	3
Rebollosa................	4
Jadraque.................	3 1/2
Convento de Sopetran......	4
Guadalajara (4)............	4
Venta de Meco.............	3
Torrejon..................	3 1/2
Madrid...................	3 1/2
	86

(1) PAMPELUNE. — Ville considérable d'Espagne, et capitale de la Navarre espagnole, avec une très-forte citadelle, bâtie, dit-on, par Pompée. Population,

12,000 habitants. Rues larges et propres. Foire annuelle très-fréquentée. Belles places ornées de boutiques. On y donne des courses de taureaux très-renommées pour la fête de Saint-Firmin, patron de la ville.

(2) Tafalla.—Jolie petite ville de Navarre, près de la rivière de Gidaço. Terrain fertile.

(3) Peralta. — Petite ville de Navarre, dont les vins jouissent d'une excellente réputation méritée.

(4) Guadalajara. — Petite ville de la Nouvelle-Castille, sur le Henares. Fabriques de draps dits de Vigogne, que les Anglais avaient détruites. Population, 5,000 habitants.

N° 3.

Route de Bayonne à Madrid par Burgos et Valladolid.

LIEUES.

De Bayonne à Burgos (v. n° 1)	48 1/2 et 41 kil.
Celada	4
Villa Rodrigo	4
Quintana del Puente	2
Magaz	4
Venta de Trigueros	4
Valladolid (1)	4
Valdestillas	4
Olmedo	4
Beleguillo	2
Navas de Coca	2
Santa Maria de la Nieve	2
Garcillano	3
	87 1/2 et 41 kil.

	LIEUES.
Report.......	87 1/2 et 41 kil.
Ségovie (2)..................	2
Otero de Herreros............	3
Fonda de San Rafael.........	2
Guadarrama (3)..............	2 1/2
Galapagar...................	3
Puente de Retamar...........	2 1/2
Abulagas....................	2
Madrid......................	2
	106 1/2 et 41 kil.

(1) VALLADOLID. — Belle ville, mais peu peuplée, sur la gauche de la rivière la Pisuerga, renfermant beaucoup d'églises et d'anciens couvents, un ancien palais des rois d'Espagne, quatre portes de la ville dont celle del Carmen est très-belle, la belle place dite del *Campo Grande*, entourée de quinze églises; l'église cathédrale dont le plan est de Jean de Herrera et non achevée; la chancellerie royale, grand édifice, et la belle façade moderne de l'Université; une Académie des Beaux-Arts.

(2) SÉGOVIE. — Capitale de la province. Ville digne de l'attention du voyageur, qui doit visiter sa belle cathédrale et son Alcazar, château jadis habité par les rois. École d'artillerie pour les cadets de famille. Les laines de Ségovie sont renommées; il s'en fait un commerce considérable. On voit à Ségovie un aqueduc merveilleux dont on ignore l'origine. C'est un ouvrage admirable.

(3) GUADARRAMA. — Ville appartenant à la province de Madrid. En haut de la ville on remarque le lion de pierre qui marque les limites des deux Castilles. Fontaines excellentes.

N° 4.

De Bayonne à Cadiz par Séville.

	LIEUES.	
De Bayonne à Madrid (v. n° 1)	92	et 41 kil.
Los Angeles	2 1/2	
Espartinas	3	
Aranjuez (1)	2 1/2	
Ocaña (2)	2	
La Guardia	3 1/2	
Tembleque	2	
La Cañada de Higuera	2	
Madridejos	2	
Puerto Lapiche	3	
Villarta	2	
Venta de Quesada	2 1/2	
Manzanares	2 1/2	
N^{tra} Señora de Consolacion	2	
Valdepeñas (3)	2	
Santa Cruz de Mudela (4)	2	
Almoradiel	2 1/2	
Venta de Cardenas	2	
Santa Elena	2	
La Carolina	2	
Guarroman	2	
Bailen	2	
Casa del Rey	2	
Andujar (5)	2 1/2	
Santa Cecilia	2 1/2	
Aldea del Rio	2 1/2	
Alcarpio	3 1/2	
Casa Blanca	2 1/2	
Cordova (6)	2 1/2	
Mango Negro	3	
	161	et 41 kil.

	LIEUES.	
Report.......	161	et 41 kil.
La Carlota..................	3	
Ecija......................	4	
La Luisiana.................	3	
La Portuguesa..............	4	
Carmona....................	2 1/2	
Mairena....................	2	
Alcala de Guardayra.........	2	
Sevilla (7)..................	2	
Utrera.....................	3	
Torres de Alocaz............	3 1/2	
Casa de Cuervo..............	3 1/2	
Jerés de la Frontera (8)......	3 1/2	
Puerto Santa Maria..........	2 1/2	
Isla de Leon	3	
Cadiz (9)...................	3	
	205 1/2 et 41 kil.	

(1) ARANJUEZ, site royal où l'on se rend par un chemin de fer. Jolie ville, dont les jardins sont traversés par le Tage; ils sont parés de tout ce que le règne végétal offre de plus beau. On y trouve de longues allées de saules pleureurs et de catalpas, des eaux, des sites et des vues charmantes. Le palais est d'une élégante architecture. La route de Madrid à Aranjuez est une belle avenue d'arbres.

(2) OCAÑA. — Des moulins à vent à l'entrée de la province de la Manche, rappellent à l'esprit du voyageur les prouesses du héros de Cervantes. Il n'y a pas de laboureur, pas d'enfant qui ne connaisse Don Quichotte et Sancho.

(3) VALDEPEÑAS. — Renommée par son vin. On y trouve le meilleur safran.

(4) SANTA CRUZ DE MUDELA. — C'est le premier village de la Sierra Morena. Des familles allemandes,

dont le teint forme un contraste remarquable avec la couleur basanée des Espagnols, sont venues peupler la Sierra Morena. Cette colonie commence à s'évanouir.

(5) ANDUJAR. — Ville du royaume de Jaen. On trouve dans ses environs une argile blanchâtre appelée *barro*, que l'on mêle avec du sel pour en faire une poterie mince, dans laquelle l'eau se conserve fraîche au milieu des plus fortes chaleurs, si l'on tient le vase à l'ombre et à l'air.

(6) CORDOUE. — Ville grande et dans le genre mauresque. La cathédrale, qui porte le nom de Mosquée, a été bâtie par les Maures. Il faut visiter les écuries royales des chevaux andaloux; l'exportation des chevaux entiers est défendue sous peine de mort.

(7) SÉVILLE. — « *Quien no ha visto Sevilla, no ha visto maravilla.* — Qui n'a pas vu Séville, n'a pas vu de merveille. » Tel est le proverbe andaloux, que ne dément pas cette belle capitale. Edifices superbes, notamment les palais royaux, la Bourse, l'Hôtel de la Monnaie, la grande fabrique de tabac, dont les émanations se répandent au delà d'une lieue, la cathédrale, la Giralda ou le clocher, chef-d'œuvre d'architecture mauresque, une des choses les plus curieuses d'Espagne; sa hauteur est de 250 pieds : la rampe est construite de manière que deux personnes à cheval peuvent monter facilement jusqu'au sommet. Séville renferme beaucoup de souvenirs des Maures.

(8) JERÉS DE LA FRONTERA. — Ville dont les excellents vins sont recherchés par tout le monde.

(9) CADIZ. — Belle ville d'Andalousie; centre des relations commerciales d'Espagne avec les colonies d'outre-mer; établissement superbe de marine militaire; population, 60,000 habitants. La vue de Cadiz surpasse tout ce qu'on peut dire d'une situation agréable. Les maisons, surmontées, presque toutes, d'un

belvéder appuyé sur une terrasse ornée de vases de fleurs, la mer s'étendant dans un immense horizon, offrent un coup d'œil ravissant. Elle a des remparts fort beaux et fort larges qui servent de promenades.

On voit encore les prétendues colonnes d'Hercule qui, d'après les apparences, servirent de moulins à vent. Les édifices les plus remarquables sont : la douane neuve, la salle de spectacle, le magasin des grains, l'hôpital des troupes de terre et de mer, l'école de marine, les deux cathédrales, l'Observatoire royal, la Muralla, la plaza del Mar, etc. Le commerce est extrêmement actif dans ce port. L'eau ordinaire y est détestable; chaque maison est pourvue d'une citerne. On peut à très-bas prix se procurer, dans la ville, les vins de liqueur les plus renommés de l'Espagne.

Bateaux à vapeur : Oporto, Lisbonne, Gibraltar, Havane, Puerto-Rico, Iles Canaries, Vigo, Corogne, Santander, Bilbao, San Sébastien, San Lucar, Séville.

N° 5.

De Madrid à Lisbonne.

LIEUES.

Mostoles	3
Navalcarnero	2
Valmojado	2
Santa Cruz de Retamar	3
Maqueda	2
Bravo	3
Sotocochinos	2
Talavera	2
Laguna del Conejo	3
Torralba	3
	25

	LIEUES.
Report........	25
Pajan del Rio.............	3
Naval Moral.............	3
Almaraz..................	2
Puerto de Mirabete.........	2
Jaraycego (1)...............	2
Carrascal.................	2
Trujillo (2)................	2
Puerto de Santa Cruz........	3
Miajadas..................	3
Venta de la Guia............	3
San Pedro de Merida........	3
Merida (3)................	2
Perales...................	3
Talavera la Real............	3
Badajoz (4)................	3
Yelves (Portugal) (5).........	3
Alcaurisas................	4
Eztremos.................	3
Venta del Duque...........	3
Arrayolos.................	3
Montemor Novo............	3
Ventas Nuevas.............	4
Pregonis..................	3
Aldea Gallega	5
Lisbonne, par le Tage (6)....	3
	98

(1) Jaraycejo. — A une lieue de ce faubourg, on dételle les mules : des bœufs descendent les voitures par un chemin raboteux, et après avoir passé sur un pont la rivière *del Monte*, gravissent une montagne qui fait partie de celles dites las Sierras de la Guadelupa.

(2) Trujillo. — Cette ville, dont on attribue la fondation à Jules César, a donné naissance aux Pizarros, conquérants du Pérou.

(3) Mérida. — Autrefois *Emerita* des Romains. Elle renferme plusieurs restes d'antiquités, entr'autres une colonne surmontée d'une statue équestre assez bien conservée, un arc de triomphe dédié à Trajan, dit aujourd'hui arc de St-Jacques. On y voit les restes d'un aqueduc romain.

(4) Badajoz. — Capitale de la Nouvelle-Estramadure; population, 13,000 habitants. Les douaniers visitent les effets des voyageurs.

(5) Yelves. — Ville et place forte sur les frontières du Portugal. On y remarque une citerne qui peut contenir assez d'eau pour approvisionner toute la ville pendant six mois.

Les chevaux se paient en Portugal à 100 reis ou 5 réaux de veillon, et le postillon selon la satisfaction du voyageur. Les ordonnances sont au surplus les mêmes qu'en Espagne.

(6) Lisbonne. Ville capitale du Portugal; population, 240,000 habitants; située à l'embouchure du Tage, dans une position agréable, elle se dessine en vaste amphithéâtre. Le tremblement de terre de 1755 la détruisit entièrement, et malgré des pertes énormes, Lisbonne s'est relevée plus magnifique de ses ruines. Ses rues sont larges, bien divisées et garnies de trottoirs; elle possède des monuments nombreux et remarquables, la Bourse, la Maison de la Compagnie des Indes, l'Hôtel des Monnaies, le grand Arsenal, l'église patriarcale, la nouvelle église dont on évalue les frais de construction à 5 millions de cruzades (15 millions de francs). Le fameux aqueduc d'Alcantara, construit en marbre blanc en 1738, a résisté au tremblement de terre; la plus grande arche a 35 mètres de large sur 75 de haut.

Parmi les établissements de charité, on remarque un hôpital où doivent être reçus tous les malades, quels que soient leur pays et leur croyance. On voit dans le cabinet d'Histoire Naturelle, à Ajuda, un morceau de cuivre natif trouvé au Brésil, du poids de 1300 kilogrammes. Lisbonne est la patrie du Camoëns, auteur de la *Lusiade*. 6 à 7 mille maisons de campagne embellissent ses environs.

N° 6.

De Burgos à La Corogne.

LIEUES.

(Voyez route n° 3 de Burgos à Valladolid)	22
Valdestillas	4
Medina del Campo	4
Tordesillas	4
Vega del Val de Moro	2
Villar de Frades	3
Villa Pando	4
Benavente	4
Puente de la Visana	3
Bañeza	3
Astorga	4
Foncebadon	4
Molina Seca	4
Casebelos	3 1/2
Trabadelos	3 1/2
Cabrero	4
Fuenfria	3
Gallegos	4
Hospital de Echamoso	4
Otero del Rey	4
Portobello	4
Betanzos	5
Corogne (1)	3
De Bayonne à Burgos	48 1/2 et 41 kil.
	151 1/2 et 41 kil.

(1) La Corogne. — Port des plus beaux et des meilleurs de l'Océan, au N.-O. de la Galice. La ville est une baie large d'une lieue qui forme le port, représentant un croissant, défendu par deux châteaux bâtis aux extrémités. On se rend par mer au Ferrol, ville forte avec un port èt un très-bel arsenal. Les chantiers de construction sont bien pourvus et des plus beaux de l'Espagne.

N° 7.

De Burgos à Bilbao.

	LIEUES.
(Voyez route n° 1 de Burgos à Ameyugo)	13
Berguenda	3 1/2
Berberena	3
Orduña	2 1/2
Areta	3
Bilbao (1)	3
	28

(1) Bilbao. — Belle ville, riche, port de mer, capitale de la Biscaye; population, 15,000 habitants. On y vit à bon marché. C'est devant cette ville que fut tué le célèbre chef carliste Zumalacarrégui, le 24 juin 1835.

N° 8.

De Burgos à Santander.

	LIEUES.
Villaverde	3
Cernegula	3 1/2
	6 1/2

Report........	6 1/2
Pesadas....................	2 1/4
Encinillas..................	3 1/2
Soncillo....................	3
Entrambas Mestas...........	3 3/4
Corvera....................	3 1/4
Renedo.....................	1 3/4
Santander (1)	3 1/2
	27 1/2

(1) SANTANDER. — Ville capitale de la province, port de mer; population, 13,500 habitants. Commerce considérable, lieu d'échelles pour les bateaux à vapeur du commerce. Elle est entourée de tous côtés des points de vue les plus pittoresques. Sa rade est toujours couverte de bâtiments de toutes les nations.

N° 9.

De Santander à Bilbao.

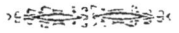

	LIEUES.
Galizano....................	2 1/2
Santoña....................	2 1/2
Osiñon	2 1/2
Castro Urdiales.............	2 1/2
Santurce	2 1/2
Bilbao......................	2 1/2
	15

N° 10.

De Vitoria à Bilbao.

	LIEUES.
Luco	2 1/2
Villareal.................	2
Ochandiano..............	1
Durango (1)..............	3
Zornosa	1 1/2
Bilbao	3
	13

(1) DURANGO. — Petite ville de 3,800 habitants, dont la fondation est attribuée aux premiers rois de Navarre. Aux environs, on voit une énorme pierre sur laquelle se trouve placé un bloc de sculpture qui représente un rhinocéros tenant entre ses pattes un globe couvert d'inscriptions et de figures très-anciennes. On n'en connaît pas l'origine.

N° 11.

De Vitoria à Pampelune.

	LIEUES.
Harrasa..................	1
Salvatierra...............	3
Alzazua..................	3 1/2
Marguindueta............	3
Erice	2 1/2
Pampelune	2
	15

N° 12.

De Tolosa à Pampelune.

	LIEUES.
Arriva	2 1/2
Lecumberri	2 1/2
Yrurzun	2 1/2
Pampelune	3
	10 1/2

N° 13.

De Pampelune à Saragosse.

	LIEUES.
Mendivil	3
Tafalla	3
Olete	1
Caparroso	3
Valtierra	3
Tudela	3
Mallen	5
Cabañas	4
Alagon	1
Cazetas	2
Saragosse (1)	2
	30

(1) SARAGOSSE. — Grande ville sur l'Ebre, célèbre par son héroïque défense contre l'armée française, en 1809; population, 62,000 habitants.

No 14.

De Saragosse à Barcelonne.

	LIEUES.
Puebla de Alfinden	3
Osera	3
Venta de Santa Lucia	3
Bujaraloz	3
Candasnos	3
Venta de Buars	2
Fraga	2
Alcarraz	3
Lérida	2
Belloch	2 1/2
Gomes	2 1/2
Villagrasa	2 1/2
Cervera	2 1/2
Panadella	2 1/2
Gancho	2 1/2
Ygualada	2
Castel-Oli	2 1/2
Cobaltó	2 1/2
Martorell	3
Feliu	3
Barcelonne (1)	2
	54

(1) BARCELONNE. — Capitale de la Catalogne, l'une des principales villes de l'Espagne, ayant un port de mer très-spacieux sur la Méditerranée. Une belle citadelle commande la ville. Les rues sont propres, les maisons peintes. On distingue la cathédrale, l'arsenal, le palais de l'audience, la fonderie de canons et beaucoup d'antiquités. Population, 110,000 hab.

N° 15.

De Saragosse à Madrid.

	LIEUES.
Garrapinillos	2
La Muela	2
Venta de Romera	2
Alminia	3
Frasno	3
Calatayud	3
Ateca	2
Bubierca	2
Cetina	2
Monreal de Ariza	2
Los Arcos	3
Lodaves	2 1/2
Bujarrabal	2 1/2
Torremocha	2 1/2
Almadrones	3
Grajanejos	2 1/2
Torijo	3
Guadalajara	3
Venta de Meco	3
Torrejon de Ardoz	3 1/2
Madrid	4
	55 1/2

N° 16.

De Madrid à Valencia.

	LIEUES.
Ocaña (voir la route n° 4)	10
Villatobas	2 1/2
	12 1/2

	LIEUES.
Report	12 1/2
Corral de Almaguer	3
Quintanar	3 1/2
Mota del Cuervo	2
Pedroñeras	2 1/2
Provencio	2
Venta del Pinar	2
Minaya	2
La Roda	2 1/2
Gineta	2 1/2
Albacete	2 1/2
Pozo de la Peña	2 1/2
Villar	3
Boneta	2 1/2
Almanza	3 1/2
Venta del Puerto	2
Venta de Mojente	3
Venta del Rey	3
Alberique	2
Alginet	2 1/2
Catarroja	3
Valencia (1)	1
	65

(1) VALENCE. — Grande, belle et des plus riches villes d'Espagne, dite *la Belle*. Sa position sur le Guadalaviar est charmante. Ses environs sont délicieux. L'auteur Mariana lui donne le titre de *Champs-Elysées*. Population 65,000 habitants.

N° 17.

De Madrid à Cartagena.

	LIEUES.
Albacète (voyez la route n° 16)	37
Pozo de la Peña	2 1/2
	39 1/2

	LIEUES.
Report........	39 1/2
Venta Nueva...............	3
Tobarra...................	3
Hellin....................	1
Venta de Vinatea...........	2 1/2
Puerto de la Mala Muger.....	2 1/2
Cieza.....................	3
Puerto de la Losilla.........	2 1/2
Lorqui....................	2 1/2
Murcia (1).................	3
Los Baños.................	3
Lobosillo..................	3
Cartagena (2)..............	3
	71 1/2

(1) Murcie. — Ville des plus agréables de l'Espagne, capitale du royaume de Murcie. Elle offre de remarquable une église superbe et le tombeau d'Alphonse X, roi de Castille. Population, 35,000 habitants. Campagne fertile, beaucoup de sources d'eaux minérales.

(2) Cartagena. — Ville où l'on découvre tous les jours des traces d'antiquités, comme ruines, médailles, inscriptions, etc.; chef-lieu d'un des trois départements maritimes de l'Espagne; son port, en forme de fer à cheval, l'un des plus sûrs de la Méditerranée, est défendu à son entrée par deux pointes, un écueil couvert et l'îlot d'Escombrera, qui le met à l'abri des vents. Il y a un arsenal, un chantier, une darse, des digues et des magasins.

N° 18.
De Madrid à San Ildefonso, site royal.

	LIEUES.
Las Rozas.................	2 1/2
Venta de la Trinidad........	3
	5 1/2

	LIEUES.
Report.......	5 1/2
Navacerrada	2
San Ildefonso (1)	4
	11 1/2

De Madrid à Aranjuez, site royal, par chemin de fer. (2)

De Madrid à l'Escurial, site royal.

	LIEUES.
Albulagas.................	2
Puente de Retamar..........	2
Galapagar	2 1/2
L'Escurial (3)	2
	8 1/2

De Madrid au Pardo, site royal. (4) 2 lieues.

(1) SAN ILDEFONSO. — Célèbre par son palais, ses jardins et surtout par ses belles eaux. Les principaux points pour jouir de la vue de San Ildefonso sont : le plateau qui fait face à l'appartement du roi, le grand réservoir ou *la Mar*, et le lieu de l'allée qui occupe la partie supérieure. Il y a dans la ville une belle fabrique de glaces renommées.

(2) ARANJUEZ. — (Voir à la route n° 4, de Madrid à Cadiz.)

(3) L'ESCURIAL. — Beau palais, tableaux, ornements, vases, statues et colonnes d'une grande richesse. On remarque la sépulture des rois dans une chapelle souterraine toute en mosaïque. Il y a 26 caissons de bronze, dont quelques-uns sont vides et prêts à recevoir leur dépôt. L'église est superbe : Philippe II mourut devant le maître-autel ; l'endroit où il expira est entouré d'une balustrade, il est défendu d'en ap-

procher. La bibliothèque renferme des manuscrits précieux ; les livres sont placés en sens inverse, le dos en dedans. En quittant Madrid on suit les bords du Manzanarès, on traverse une partie de la forêt du Pardo.

(4) Le Pardo. — C'est dans ses bosquets que Philippe IV trouva la belle duchesse d'Albuquerque, sa maîtresse, dans les bras du duc de Medina de la Torre ; on y voit le berceau où, sans un page, il les eût poignardés tous les deux.

N° 19.

De Madrid à Toledo.

	LIEUES.
Getafe	2
Illescas	4
Yuncos	1
Cabañas	2
Toledo (1)	3
	12

(1) Toledo.—Ancienne belle ville, capitale de la province de ce nom; population, 15,000 habitants ; rues étroites et tortueuses, sans fontaines, eau conservée dans des citernes ; bibliothèque où se trouvent beaucoup de bons ouvrages, une Bible manuscrite et ornée de belles vignettes, donnée par St-Louis, un Talmud écrit sur des feuilles de palmier, un Coran précieux, le livre d'Esther, et un livre de dévotion écrit en français, dont se servait Charles-Quint, plusieurs livres chinois dont l'un gravé en Chine sur du papier de soie.

TABLE.

Avis pour les passeports............. F°	3
Change de l'argent d'Espagne.........	3
Ordonnance des postes................	3
Calcul ou tarif des postes............	11

ROUTES DE

Bayonne à Madrid par Burgos............... N°	1
— — par Pampelune............	2
— — par Valladolid............	3
Bayonne à Cadiz par Séville...............	4
Madrid à Lisbonne.......................	5
Burgos à La Corogne.....................	6
— à Bilbao.......................	7
— à Santander.....................	8
Santander à Bilbao......................	9
Vitoria à Bilbao........................	10
— à Pampelune.....................	11
Tolosa à Pampelune.....................	12
Pampelune à Saragosse..................	13
Saragosse à Barcelonne.................	14
— à Madrid......................	15
Madrid à Valence.......................	16
— à Cartagena et Murcie............	17
— à San Ildefonso, Aranjuez, l'Escurial et le Pardo (sites royaux)............	18
Madrid à Toledo........................	19

BAYONNE, imprimerie de Ve LAMAIGNÈRE.

www.ingramcontent.com/pod-product-compliance
Lightning Source LLC
Chambersburg PA
CBHW060505050426
42451CB00009B/824